Tischdeko
schnell genäht

OZ creativ

Liebe Leserin,
lieber Leser!

Das Auge isst mit – heißt es nicht von ungefähr. Grund genug, dem Thema „Tischdekorationen" ein ganzes Buch zu widmen. Ganz gleich, ob schlicht zurückhaltend oder poppig bunt: Auf den folgenden Seiten finden Sie von der Serviette über den passenden Serviettenring und die Bestecktasche bis hin zu Windlicht, Brotkorb oder Untersetzer eine breite Auswahl an Deko-Ideen in verschiedenen Stilrichtungen.

Das Besondere dabei? Einfachheit und schnelle Umsetzung haben hier oberste Priorität. Jedes Modell lässt sich in maximal 2,5 Stunden nacharbeiten, ungefähre Zeitangaben als Richtwert finden Sie bei allen Anleitungen. Das Nähen beschränkt sich auf wenige, anhand von Zeichnungen erklärte Grundtechniken und den Modellen liegen zumeist schlichte Rechtecke zugrunde.

Ihre zu dekorierenden Windlichter, Gläser oder Vasen haben andere Maße als hier angegeben? Macht nichts. Denn die detailliert beschriebenen Anleitungen sind so einfach, dass Sie das jeweilige Konstruktionsschema problemlos Ihrer Ausgangssituation anpassen können. Messen Sie also zuerst immer Ihr Besteck, Ihre Teller, Schalen etc. aus, bevor Sie Bestecktaschen, Sets oder Untersetzer zuschneiden.

Ihnen gefallen die hier gezeigten Tischsets, Sie haben aber keine Zeit, sich selbst welche zu nähen? Macht auch nichts. Denn was Sets, Servietten, Tischläufer oder gar Tischdecken anbelangt, sind die präsentierten Ideen so angelegt, dass Sie handelsübliche Tischware im Handumdrehen individuell verzieren können. Ohne großen Zeitaufwand und ohne besondere Anstrengung.

Ihre

Elena Merten

4

Inhalt

Schwierigkeitsstufen
★ = *einfach*
★★ = *mittel*
★★★ = *etwas aufwändiger*

Kreuz & quer

Mit schlichten Zierstreifen in frischen Farben setzen Sie auffällige Akzente auf neutralem Weiß. Die XXL-Servietten sind mit ihren 60 x 60 cm großzügiger bemessen als handelsübliche Exemplare. Die Tischsets haben hingegen Standardmaße und lassen sich ebenfalls ohne großen Aufwand selbst nähen. Soll es jedoch besonders schnell gehen, können Sie bereits fertig gekaufte Tischsets auf die beschriebene Weise verzieren.

Gittermuster

Tischsets

Größe
45 x 36 cm

Schwierigkeitsgrad
★★

Dauer
2,5 Stunden

MATERIAL

- handelsübliches Baumwollset, 45 x 36 cm oder Baumwollstoff in Weiß
- Baumwollstoff, Blumenmuster in Türkis-Hellgrün
- Baumwollstoff, gemustert in Hellgrün-Türkis
- Baumwollstoff, Pünktchenmuster in Hellgrün-Türkis

ZUSCHNITT (pro Set)

Ggf. 1 x Baumwollstoff in Weiß, 48 x 39 cm, zuzüglich 0,5 cm Nahtzugabe ringsum
2 x Zierstreifen aus verschiedenen Baumwollstoffen, 5 x 35,5 cm
2 x Zierstreifen aus verschiedenen Baumwollstoffen, 5 x 44,5 cm

SO WIRD ES GEMACHT

1. Verwenden Sie kein handelsübliches Set wie hier zu sehen, können Sie dieses auch selbst mit Briefecken nähen wie bei den Grundtechniken auf Seite 57 beschrieben.
2. Zierstreifen wie auf dem Foto zu sehen auf das Set heften. Der Abstand zwischen den horizontalen Zierstreifen beträgt ca. 2,5 cm, der Abstand zwischen den vertikal verlaufenden Streifen 6 cm. Die Streifen an den Kreuzungspunkten abwechselnd über und unter den anderen Zierstreifen führen, sodass ein Webmuster entsteht.
3. Die Zierstreifen mit ganz engem Zickzackstich rundum festnähen. Alle Heftfäden entfernen.

Extragroß

MATERIAL

- Baumwollstoff in Weiß
- Baumwollstoff, Blumenmuster
  in Türkis-Hellgrün
- Baumwollstoff, gemustert in Hellgrün-Türkis
- Baumwollstoff, Pünktchenmuster
  in Hellgrün-Türkis

ZUSCHNITT (pro Serviette)

1 x Serviette aus Baumwollstoff in Weiß, 63 x
63 cm, zuzüglich 0,5 cm Nahtzugabe ringsum
2 x Zierstreifen aus verschiedenen Baumwollstoffen, 5 x 59,5 cm

SO WIRD ES GEMACHT

1. Die Serviette mit Briefecken nähen, wie bei den
Grundtechniken auf Seite 57 beschrieben.
2. Zierstreifen auf der Serviette platzieren und
festheften. Der Abstand zwischen den Zierstreifen
beträgt 1,5 cm; der Abstand zur oberen Serviet-
tenkante 7 cm.
3. Die Zierstreifen mit ganz engem Zickzackstich
rundum festnähen. Heftfäden entfernen.

Servietten

Größe
60 x 60 cm

Schwierigkeitsgrad
★★

Dauer
2 Stunden

Weiß in Weiß

Die unterschiedlichen Stoffoberflächen sorgen bei den Windlichtern für abwechslungsreiches Schattenspiel und beleben das in Weißtönen gehaltene Ensemble insgesamt. Die dreieckige Aufteilung der Serviettenringe wirkt ziemlich raffiniert, entsteht aber lediglich durch simples Zusammenfalten des Zuschnitts zwischen den einzelnen Nähschritten.

Licht und Schatten

Windlichter

Größe
8 cm hoch, Ø 9 cm

Schwierigkeitsgrad
★

Dauer
1 Stunde

TIPP
*Bei diesen Wind-
lichtern können Sie
gut alle möglichen
Reste von Bändern,
Spitzen, Borten etc.
verwenden.*

MATERIAL

• Jerseystoff, Rippenmuster in Weiß
• Taft, bestickt in Weiß
• Spitzenband in Weiß, 1 cm breit
• Spitzenband in Weiß, 2 cm breit
• Windlicht, 8 cm hoch, Ø 9 cm

ZUSCHNITT (pro Windlicht)

1 x Rechteck aus Jersey, 29,5 x 8 cm, zuzüglich
1 cm Nahtzugabe ringsum
1 x Zierstreifen aus Taft, 29,5 x 4 cm, zuzüglich
1 cm Nahtzugabe an den kurzen Seiten
2–3 Spitzenbänder, 29,5 cm lang

SO WIRD ES GEMACHT

1. Die obere und untere Nahtzugabe an den langen Kanten des Jersey-Rechtecks mit 0,5 cm Einschlag umschlagen und feststeppen.
2. Den Taft-Zierstreifen mittig festheften. Auf die
Ober- und Unterkante des Zierstreifens zusätzlich
Spitzenbänder heften und anschließend feststeppen. Alle Heftfäden entfernen.
3. Das so verzierte Jersey-Rechteck rechts auf
rechts zu einem Ring zusammenlegen und die
kurzen Enden zusammennähen. Die Nahtzugaben auseinanderbügeln, den Ring wenden und
über das Windlicht ziehen.

Im Dreieck

MATERIAL

• Jerseystoff, Rippenmuster in Weiß
• Taft, bestickt in Weiß

ZUSCHNITT (pro Serviettenring)

1 x Zuschnitt laut Vorlage 1a aus Jerseystoff,
zuzüglich 1 cm Nahtzugabe ringsum
1 x Zuschnitt laut Vorlage 1a aus Taft, zuzüglich
1 cm Nahtzugabe ringsum

SO WIRD ES GEMACHT

1. Die Zuschnitte rechts auf rechts aufeinandernähen, dabei an der Unterkante eine ca. 5 cm
lange Wendeöffnung lassen.
2. Die Nahtzugaben außer an der Kante der Wendeöffnung zurückschneiden, die Ecken abschrägen. Den Serviettenring wenden, die Nahtzugaben an der Wendeöffnung einschlagen und die
Öffnung von Hand mit einem Blindstich schließen
(siehe Grundtechniken Seite 56).
3. Die Ecken rechts und links an den gestrichelten
Linien A und B der Vorlage 1a zur Mitte falten und
feststeppen. Den Serviettenring an der Linie C der
Vorlage 1b nach hinten falten und die Längskanten knappkantig aufeinandersteppen.

Serviettenringe

Größe
7 x 7,5 cm

Vorlage
Nr. 1a und 1b, S. 58

Schwierigkeitsgrad
★

Dauer
1 Stunde

Skandinavisch

Helle Blautöne und Weiß geben sich hier ein Stelldichein – sei es als Karo-, Punkt- oder Streifendesign. Die Tischdecke überrascht mit ihren integrierten Platzdeckchen, dank Bestecktasche und zuknöpfbaren Serviettenringen befindet sich alles Restliche ebenfalls an Ort und Stelle. Und wenn Sie möchten, können Sie auf eine Tischdecke Ihrer Wahl so viele „Sets" nähen, wie Gäste geladen sind.

Streifen & Punkte

Bestecktaschen

Größe
9 x 23,5 cm

Vorlage
Nr. 2a und 2b, S. 59

Schwierigkeitsgrad
★★

Dauer
2 Stunden

Serviettenringe

Größe
21 x 6,5 cm

Schwierigkeitsgrad
★★

Dauer
45 Minuten

MATERIAL

- Baumwollstoff, Pünktchenmuster in Hellblau-Weiß
- Baumwollstoff, Streifenmuster in Graublau-Weiß
- Baumwollstoff, Streifenmuster in Hellblau-Weiß
- Baumwollstoff, Karomuster in Mittelblau-Weiß
- Perlmuttknöpfe, Ø 2,5 cm
- Druckknöpfe

ZUSCHNITT (pro Bestecktasche)

2 x Vorderteil laut Vorlage 2a aus verschiedenen Baumwollstoffen, 9 x 14,5 cm, zuzüglich 1 cm Nahtzugabe ringsum
2 x Rückenteil mit Klappe laut Vorlage 2b aus verschiedenen Baumwollstoffen, 9 x 34 cm, zuzüglich 1 cm Nahtzugabe ringsum

SO WIRD ES GEMACHT

1. Für das Vorderteil die Zuschnitte rechts auf rechts aufeinandernähen, dabei an der Unterkante eine ca. 6 cm lange Wendeöffnung lassen.
2. Die Nahtzugaben außer an der Wendeöffnung zurückschneiden und die Ecken abschrägen. Das Vorderteil wenden und die Nahtzugabe an der Wendeöffnung nach innen einschlagen.
3. Für das Rückenteil mit Klappe die Zuschnitte ebenfalls rechts auf rechts aufeinandernähen, dabei an der Unterkante eine ca. 6 cm lange Wendeöffnung lassen. Die Nahtzugaben außer an der Wendeöffnung zurückschneiden, die Ecken abschrägen. Die Rückseite wenden und die Nahtzugabe an der Öffnung nach innen einschlagen.
4. Das Vorderteil bündig an Unter- und Seitenkanten auf die Rückseite steppen.
5. Die Klappe 10,5 cm nach vorne umschlagen und mittig an der Klappenunterseite sowie entsprechend an der Oberkante der Vorderseite einen Druckknopf annähen. Einen Perlmuttknopf mittig ca. 0,5 cm ab Kante auf die Klappe nähen.

Zugeknöpft

MATERIAL

- Baumwollstoff, Pünktchenmuster
  in Hellblau-Weiß
- Baumwollstoff, Streifenmuster
  in Graublau-Weiß
- Baumwollstoff, Streifenmuster
  in Hellblau-Weiß
- Baumwollstoff, Streifenmuster
  in Mittelblau-Weiß
- Perlmuttknöpfe, Ø 2,5 cm

ZUSCHNITT (pro Serviettenring)

2 x Rechteck aus verschiedenen Baumwollstoffen, 21 x 6,5 cm, zuzüglich 1 cm Nahtzugabe ringsum

SO WIRD ES GEMACHT

1. Die Zuschnitte rechts auf rechts aufeinandernähen, dabei an einer kurzen Seite eine ca. 5 cm lange Wendeöffnung lassen.
2. Die Nahtzugaben außer an der Wendeöffnung zurückschneiden und die Ecken abschrägen. Den

Serviettenring wenden, die Nahtzugabe an der Wendeöffnung nach innen einschlagen und mit Blindstich (siehe Grundtechniken, Seite 56) von Hand schließen.
3. Anschließend mithilfe der Knopflochfunktion der Nähmaschine ca. 2 cm ab kurzer Seitenkante vertikal ein 2,5 cm langes Knopfloch nähen. Am anderen Ende des Serviettenrings entsprechend den Perlmuttknopf annähen.

Tischdecke

Größe
150 x 150 cm

Schwierigkeitsgrad
★★

Dauer
2 Stunden

Integriert

MATERIAL

- handelsübliche Tischdecke aus Baumwollstoff
  in Weiß, 150 x 150 cm
- Baumwollstoff, Pünktchenmuster
  in Hellblau-Weiß
- Baumwollstoff, Streifenmuster
  in Graublau-Weiß
- Baumwollstoff, Karomuster in Mittelblau-Weiß

ZUSCHNITT (pro Set)

1 x Quadrat aus verschiedenen Baumwollstoffen, 30 x 30 cm

SO WIRD ES GEMACHT

1. Die Tischdecke auf dem Esstisch ausrichten und sämtliche Quadrate der Stuhlanordnung entsprechend symmetrisch platzieren. Dann die Zuschnitte erst einmal an allen vier Kanten auf die Tischdecke heften.
2. Anschließend die Quadrate mit sehr engem Zickzackstich ringsum auf die Tischdecke nähen. Heftfäden entfernen.

Kontraste

Das spannungsreiche Wechselspiel von Schwarz und Weiß gibt hier den Ton an. Die Serviettenringe haben unterschiedliche Innen- und Außenseiten, lassen sich seitlich zubinden und dementsprechend als Wendemodelle verwenden. Beim Tischläufer bilden eine verspielte Rüschenbordüre und streng gehaltene Zierstreifen einen interessanten Kontrast.

Verschnürt

MATERIAL

- Baumwollstoff, Streifenmuster in Schwarz-Creme
- Baumwollstoff, Blumenmuster in Creme-Schwarz
- Baumwollstoff, Blumenmuster in Weiß-Schwarz
- Filzband in Creme, 2 cm breit

ZUSCHNITT (pro Serviettenring)

2 x Rechteck aus verschiedenen Baumwollstoffen, 16,5 x 5,5 cm, zuzüglich 1 cm Nahtzugabe ringsum
2 x Filzband, ca. 12 cm lang

SO WIRD ES GEMACHT

1. Die Zuschnitte rechts auf rechts aufeinandernähen, dabei die kurzen Seiten offen lassen.
2. Die Nahtzugaben an den Längskanten zurückschneiden und den Serviettenring wenden. Die Nahtzugabe an den kurzen Enden nach innen einschlagen, jeweils mittig ein Filzband 1,5 cm in den entstandenen Schlauch schieben und die offenen Enden knappkantig mit Steppstich schließen.

Serviettenringe

Größe
16,5 x 5,5 cm

Schwierigkeitsgrad
★

Dauer
30 Minuten

Gerüscht

MATERIAL

- handelsüblicher Tischläufer in Creme, 45 x 130 cm
- Baumwollstoff, Streifenmuster in Schwarz-Creme
- Baumwollstoff, Blumenmuster in Creme-Schwarz
- Baumwollstoff, Blumenmuster in Weiß-Schwarz
- Filzband in Creme, 2 cm breit
- Filzband in Creme, 1 cm breit

ZUSCHNITT

2 x Rüschenstreifen aus Baumwollstoff mit Blumenmuster in Weiß-Schwarz, 63 x 10 cm, zuzüglich 2 cm Nahtzugabe an der Unterkante und den beiden kurzen Kanten sowie 0,5 cm an der Oberkante
4 x Zierstreifen aus verschiedenen Baumwollstoffen, 45 x 5 cm, zuzüglich 0,5 cm Nahtzugabe ringsum
2 x Zierstreifen aus verschiedenen Baumwollstoffen, 45 x 4 cm, zuzüglich 0,5 cm Nahtzugabe ringsum
8 x Filzband, 45 cm lang

SO WIRD ES GEMACHT

1. Die Rüschenstreifen an den kurzen Seiten und der Unterkante mit doppeltem Einschlag säumen (siehe Grundtechniken Seite 56). Die Nahtzugabe an der Oberkante umbügeln. Anschließend die Rüschenstreifen an die kurzen Seiten des Tischläufers heften und den Stoff dabei gleichmäßig verteilt in Falten von ca. 1,5 cm Faltentiefe legen. Die Rüschenstreifen feststeppen und alle Heftfäden entfernen.
2. Die Nahtzugaben der Zierstreifen umbügeln. Die Streifen nach Belieben und in unterschiedlichen Abständen horizontal auf den Tischläufer heften. Zusätzlich Filzbänder an den Kanten der Zierstreifen mit Heftstich befestigen.
3. Zierstreifen sowie Filzbänder feststeppen und Heftfäden entfernen.

Tischläufer

Größe
45 x 130 cm

Schwierigkeitsgrad
★★★

Dauer
2,5 Stunden

Blumig

Der richtige Tisch zum Frühlingsanfang: Gelb, Orange und frisches Grün strahlen um die Wette, aufgenähte Blumenknöpfe unterstreichen die fröhliche Grundstimmung. Zackenlitzen in passenden Farben und verschiedenen Breiten dienen als auffällige Extras. Die Namenskissen lassen sich bequem immer wieder aufs Neue verwenden, da Sie lediglich das beschriftete Papierschild auswechseln müssen.

Auf Zack

MATERIAL

- Baumwollstoff, Blumenmuster in Hellgelb-Hellgrün
- Baumwollstoff, gemustert in Orange-Rosa
- Plattenfilz, 3 mm stark, in Hellgrün
- Blümchenknöpfe, Ø 2,5 cm, in Orange, Hellgrün
- Zackenlitze in Orange, 1 cm breit

ZUSCHNITT (pro Serviettenring)

1 x Rechteck aus Filz, 17,5 x 3 cm
1 x Zierstreifen aus Baumwollstoff, 16,5 x 2,5 cm
1 x Zackenlitze, 16,5 cm lang

SO WIRD ES GEMACHT

1. Den Zierstreifen ringsum mit engem Zickzackstich auf dem Filzrechteck festnähen. Die Zackenlitze mittig aufsteppen.
2. Den Ring schließen und die Schmalseiten von Hand mit Überwendlingsstich zusammennähen. Den Knopf nach Belieben als Zierde annähen.

Namenskissen

MATERIAL

- Baumwollstoff, Blumenmuster in Hellgelb-Hellgrün
- Baumwollstoff, gemustert in Orange-Rosa
- Baumwollstoff, Blumenmuster in Orange-Hellgrün
- Füllwatte
- Tonpapier in passenden Farben und Filzstifte
- Glaskopfnadeln in passenden Farben

ZUSCHNITT (pro Platzkärtchen)

2 x Rechteck aus verschiedenen Baumwollstoffen, 8,5 x 5 cm

SO WIRD ES GEMACHT

1. Die Stoffe links auf links füßchenbreit zu den Kanten aufeinandersteppen. Dabei ein kurzes Ende offen lassen. Das Kissen polstern und auch die letzte Naht mit Steppstich schließen.
2. Die Überstände neben den Nähten leicht ausfransen. Beschriftete Namenschilder mit einer Glaskopfnadel befestigen.

Verkleidet

MATERIAL

- Baumwollstoff, Blumenmuster
  in Hellgelb-Hellgrün
- Baumwollstoff, gemustert in Orange-Rosa
- Baumwollstoff, Blumenmuster
  in Orange-Hellgrün
- Plattenfilz, 3 mm stark in Hellgrün
- Blümchenknöpfe, Ø 2,5 cm,
  in Orange, Hellgrün
- Zackenlitze in Gelb, 2 cm breit
- Glasvase/Glas, Ø ca. 5 cm, ca. 14 cm hoch

ZUSCHNITT (pro Vasenhusse)

4 x Rechteck aus Filz, 7 x 16,5 cm
4 x Zierstreifen aus Baumwollstoff, 2,5 x 16 cm
1 x Zackenlitze, 16 cm

SO WIRD ES GEMACHT

1. Die Zierstreifen auf den Filzrechtecken mit engem Zickzackstich ringsum festnähen. Dabei beträgt der Abstand zu der einen Längskante etwa 1,5 cm, zu der anderen Längskante 3 cm. Auf einen Zierstreifen zusätzlich die Zackenlitze steppen.
2. Die Filzteile links auf links an den Längskanten knappkantig zu einem oben und unten offenen Quader zusammensteppen. Am besten vorher heften, damit nichts verrutscht. Heftfäden entfernen und an die Seite mit der Zackenlitze einen Blumenknopf nähern.

Serviettenringe

Größe
3 cm breit, Ø 5,5 cm

Schwierigkeitsgrad
★

Dauer
30 Minuten

Platzkärtchen

Größe
8,5 x 5 cm

Schwierigkeitsgrad
★

Dauer
15 Minuten

Vasenhussen

Größe
7 x 7 x 16,5 cm

Schwierigkeitsgrad
★★

Dauer
1,5 Stunden

Perlenzauber

Ideal für einen lauen Sommerabend im Freien: Die Glasdeckchen schützen die Bowle vor unliebsamen „Besuchern", die kleinen Windlichttüten sorgen für stimmungsvolle Beleuchtung. Unterschiedliche Perlen verleihen dem Ganzen einen sympathischen Charme mit Liebe fürs Detail.

Mückenschutz

MATERIAL

- Baumwollstoff, Pünktchenmuster in Rot-Weiß
- Baumwollstoff, Blumenmuster in Creme-Rot
- Perlen in verschiedenen Größen und Materialien

ZUSCHNITT (pro Glasdeckchen)

1 x Quadrat aus Baumwollstoff, 8,5 x 8,5 cm, zuzüglich 1 cm Nahtzugabe ringsum

SO WIRD ES GEMACHT

1. Die Nahtzugabe ringsum umbügeln und dann feststeppen.
2. Verschiedene Perlen von Hand an die Ecken nähen. Dabei auf eine ausgewogene Gewichtsverteilung achten.

Lichttüte

MATERIAL

- Baumwollstoff, Karomuster in Rot-Weiß
- Baumwollstoff, Streifenmuster in Rot-Weiß
- Baumwollstoff, Blumenmuster in Creme-Weiß
- Holzperlen, Ø 1,5 cm
- Windlicht, 9,5 cm hoch, Ø 6 cm

ZUSCHNITT (pro Windlicht)

2 x Rechteck aus verschiedenen Baumwollstoffen, 11 x 12 cm, zuzüglich 0,5 cm Nahtzugabe ringsum

SO WIRD ES GEMACHT

1. Alle Nahtzugaben umbügeln. Die Oberkante mit einem Zickzackstich, die Unterkante mit einem Geradstich festnähen.

2. Die Zuschnitte links auf links an den Seitenkanten bis ca. 1 cm unterhalb der Oberkante zusammennähen, sodass ein oben und unten offener Schlauch entsteht.

3. Seitlich jeweils zwei Holzperlen laut Foto von Hand annähen, der Schlauch über das Windlicht ziehen und zum Schluss die Oberkante leicht nach außen umschlagen.

Windlichter

Größe
11 cm hoch, Ø 6 cm

Schwierigkeitsgrad
★

Dauer
2 Stunden

Muster-Mix

Keine Angst vor gewagten Kombinationen: Streifen mit Blumen, Blumen mit Ornamenten, Ornamente mit Punkten, Punkte mit Karos ... Erlaubt ist, was gefällt. Die Vasenhussen haben unterschiedliche Außen- und Innenseiten, was dank der umgeschlagenen Krempen zur Geltung kommt. Für die applizierten Stoffkreise auf den Servietten können Sie verschiedenste Stoffreste verwenden. Hauptsache, die Farben stimmen.

Verziert

Größe
40 x 40 cm

Schwierigkeitsgrad
★★★

Dauer
2,5 Stunden

MATERIAL

- Baumwollstoff in Weiß
- Baumwollstoff, Streifenmuster in Türkis-Gelb-Rot
- Baumwollstoff, Blumenmuster in Türkis-Gelb-Rot
- vorgefalztes Schrägband, Karomuster in Rot-Weiß
- vorgefalztes Schrägband, Pünktchenmuster in Hellgrün-Grün
- Kreisschneider, selbstklebendes Bügelvlies

ZUSCHNITT (pro Serviette)

1 x Quadrat aus Baumwollstoff in Weiß, 40 x 40 cm
5 x Kreis aus verschiedenen Baumwollstoffen, Ø 5, 6 und 7 cm

SO WIRD ES GEMACHT

1. Die Serviette ringsum mit mittlerem Zickzack-stich versäubern.
2. Kreise auf das Vlies bügeln, nach Belieben anordnen, festheften und mit engem Zickzackstich ringsum festnähen. Heftfäden entfernen.
3. Die Serviettenränder mit Schrägband einfassen (siehe Grundtechniken Seite 57).

Gut verpackt

Serviettentasche

Größe
24,5 x 14,5 cm

Vorlage
Nr. 3a und 3b, S. 60

Schwierigkeitsgrad
★★

Dauer
2 Stunden

Untersetzer

Größe
9,5 x 9,5 cm
30 x 30 cm

Schwierigkeitsgrad
★

Dauer
20 Minuten

MATERIAL

- Walkwollstoff in Hellgrau
- Satin in Hellgrau

ZUSCHNITT

1 x Vorderteil laut Vorlage 3a aus Walkwollstoff,
14,5 x 24,5 cm
1 x Rückenteil mit Klappe laut Vorlage 3b aus
Walkwollstoff, 23,5 x 24,5 cm
1 x Zierstreifen aus Satin, 5 x 24 cm
1 x Streifen aus Walkwollstoff für Knopf,
1 x 15 cm
1 x Zierstreifen aus Walkwollstoff, 1 x 24 cm

SO WIRD ES GEMACHT

1. Den Zierstreifen aus Satin 2 cm ab rechter Kante auf dem Vorderteil platzieren und ringsum mit engem Zickzackstich festnähen. Den Zierstreifen zusätzlich mit einem Maschinenzierstich eigener Wahl schmücken. Den Zierstreifen aus Walkwollstoff mittig auf die rechte Kante des Satinstreifens nähen.
2. Das Vorderteil links auf links bündig zur Unterkante auf das Rückenteil steppen.
3. Die Klappe ca. 8 bis 9 cm umschlagen und laut Foto mit einer Ziernaht schmücken. Für den Knopf aus dem 15 cm langen Streifen eine Spirale rollen und von Hand zusammennähen.
4. In die Taschenklappe ein Knopfloch schneiden (Länge richtet sich nach der Knopfgröße) und die Kanten mit einem Geradstich nachnähen. Knopf entsprechend auf dem Vorderteil anbringen.

Zum Quadrat

MATERIAL

- Walkwollstoff in Hellgrau
- Satin in Hellgrau

ZUSCHNITT (pro Untersetzer)

Untersetzer klein
1 x Quadrat aus Walkwollstoff, 9,5 x 9,5 cm
1 x Quadrat aus Satin, 6,5 x 6,5 cm
Untersetzer groß
1 x Quadrat aus Walkwollstoff, 30 x 30 cm
1 x Quadrat aus Satin, 27 x 27 cm

SO WIRD ES GEMACHT

1. Das kleine Satin-Quadrat mittig auf dem größeren Walkwollstoff-Quadrat platzieren und ringsum mit engem Zickzackstich festnähen.
2. Den Rand zum Schluss mit beliebigen Maschinenzierstichen schmücken.

Poppig

Für Morgenmuffel und Frühaufsteher gleichermaßen geeignet: Die fröhlichen Farben bringen jeden Kreislauf in Schwung, wohl temperierte Frühstückseier und frischer Toast tun ihr Übriges. Das Windlicht darf natürlich nicht fehlen, denn es leuchtet besonders hell und transparent.

Klein, aber fein

MATERIAL

• Baumwollstoff, Pünktchenmuster
  in Violett-Pink
• Baumwollstoff, Blumenmuster
  in Violett-Pink-Hellgrün

ZUSCHNITT

1 x Boden aus Baumwollstoff mit Pünktchenmuster, 15 x 15 cm, zuzüglich 1 cm Nahtzugabe
ringsum
1 x Boden aus Baumwollstoff mit Blumenmuster,
15 x 15 cm, zuzüglich 1 cm Nahtzugabe ringsum
4 x Seitenteil aus Baumwollstoff mit Pünktchenmuster, 15 x 5,5 cm, zuzüglich 1 cm Nahtzugabe
ringsum
4 x Seitenteil aus Baumwollstoff mit Blumenmuster, 15 x 5,5 cm, zuzüglich 1 cm Nahtzugabe
ringsum

SO WIRD ES GEMACHT

1. Für die Seitenteile jeweils einen Zuschnitt mit
Punkten und einen mit Blumen rechts auf rechts
aufeinandernähen, an der Unterkante eine ca.
7 cm lange Wendeöffnung lassen.
2. Die Nahtzugaben außer an der Wendeöffnung
zurückschneiden und die Ecken abschrägen. Die
Seitenteile wenden, die Nahtzugabe an der Wendeöffnung nach innen einschlagen.
3. Auf dieselbe Weise die Zuschnitte für den Boden zusammennähen und wenden.
4. Alle Seitenteile Punktmuster auf Punktmuster
ringsum knappkantig an den Boden steppen.
Dabei werden die Wendeöffnungen automatisch
geschlossen.
5. Dann die Seitenwände nacheinander von Hand
mit einem Blindstich (siehe Grundtechniken Seite
56) bis ungefähr 1 cm unterhalb der Oberkante
zusammennähen.

Schön hell

MATERIAL

- Baumwollstoff, Pünktchenmuster in Violett-Pink
- Baumwollstoff, Blumenmuster in Violett-Pink-Hellgrün
- Rayonbast in Pink
- Textilkleber
- Windlicht, 8,5 cm hoch, Ø 12 cm

ZUSCHNITT (pro Windlicht)

8 x Zierstreifen aus verschiedenen Baumwoll-stoffen, 5 x 9,5 cm
16 x Baststücke, ca. 2 cm lang

SO WIRD ES GEMACHT

1. Die Zierstreifen an beiden Längsseiten ca. 0,5 cm nach hinten umschlagen und dann über die vertikale Mittelachse links auf links falten. Die offene Längskante zusteppen. Es entstehen ca. 2 cm breite Stoffstreifen.

2. Die kurzen Ober- und Unterkanten mit einem Baststückchen beidseitig bekleben. Die so vorbe-reiteten Zierstreifen symmetrisch auf dem Wind-licht festkleben. Dabei immer nur kleine Tupfen Textilkleber auftragen.

Mit Mütze

MATERIAL

- Baumwollstoff, Pünktchenmuster in Violett-Pink
- Baumwollstoff, Blumenmuster in Violett-Pink-Hellgrün
- Baumwollstoff, Blumenmuster in Türkis-Hellgrün-Pink
- Perlgarn in Bordeaux
- spitze Sticknadel

ZUSCHNITT (pro Eierwärmer)

2 x Rechteck aus verschiedenen Baumwollstof-fen, 17 x 12 cm, zuzüglich 1 cm Nahtzugabe ringsum

SO WIRD ES GEMACHT

1. Die Zuschnitte rechts auf rechts aufeinander-nähen, dabei an einer kurzen Seite eine ca. 6 cm lange Wendeöffnung lassen.
2. Die Nahtzugaben außer an der Wendeöffnung zurückschneiden und Ecken abschrägen. Den Eier-wärmer wenden, die Nahtzugabe an der Wende-öffnung nach innen einschlagen. Öffnung mit Blind-stich schließen (siehe Grundtechniken Seite 56).

3. Das Rechteck zu einem Schlauch schließen, so-dass die kurzen Seiten aneinanderstoßen, und mit Blindstich von Hand zusammennähen.
4. Perlgarn ca. 2,5 cm vom oberen Rand ringsum mit einer spitzen Sticknadel sowie großzügigen Heftstichen durchziehen und den Eierwärmer da-mit zusammenziehen. So entsteht der „Puschel" an der Oberkante.

Minimalistisch

Klare Farben und grafische Muster sind eine Wohltat fürs Auge. Kein Wunder, dass sich die hier zu sehenden Accessoires besonders für ein Essen im Zeichen ostasiatischer Kochkunst eignen. Aus der Mitte des Tisches kann sich jeder Gast eine Serviette frei aussuchen, passende Serviettenringe und abgestimmte Tellerdeckchen runden das Ganze ab, ohne aufdringlich zu wirken.

Unterlegt

MATERIAL

- Wollfilz in Hellgrau, 2 mm stark
- Baumwollstoff, gemustert in Braun-Weiß
- Baumwollstoff, gemustert
  in Braun-Weiß-Schwarz

ZUSCHNITT (pro Deckchen)

1 x Quadrat aus Wollfilz, 16 x 16 cm
1 x Quadrat aus gemustertem Baumwollstoff,
15 x 15 cm

SO WIRD ES GEMACHT

Den Baumwollstoff mittig auf dem Filz-Quadrat platzieren und ringsum mit engem Zickzackstich aufnähen. Heftfäden entfernen.

Beringt

MATERIAL

- Wollfilz in Hellgrau, 2 mm stark
- Baumwollstoff, gemustert in Braun-Weiß
- Baumwollstoff, gemustert
  in Braun-Weiß-Schwarz

ZUSCHNITT (pro Serviettenring)

1 x Rechteck aus Filz, 18 x 7 cm
1 x Rechteck aus Baumwollstoff, 17,5 x 6 cm

SO WIRD ES GEMACHT

1. Den Baumwollstoff mittig auf dem Filzrechteck ringsum mit engem Zickzackstich aufnähen.
2. Das Rechteck zu einem Ring schließen und die Schmalkanten von Hand zusammennähen.

Sammelstelle

MATERIAL

- Baumwollstoff in Creme
- Baumwollstoff, gemustert in Braun-Weiß
- Baumwollstoff, gemustert
  in Braun-Weiß-Schwarz
- Filzband in Grau, 1 cm breit
- Füllwatte oder Volumenvlies

ZUSCHNITT

4 x Seitenteil aus Baumwollstoff in Creme,
17 x 19,5 cm, zuzüglich 1 cm Nahtzugabe
ringsum
2 x Seitenteil aus Baumwollstoff in Braun-Weiß,
17 x 19,5 cm, zuzüglich 1 cm Nahtzugabe
ringsum
2 x Seitenteil aus Baumwollstoff in Braun-Weiß-
Schwarz, 17 x 19,5 cm, zuzüglich 1 cm Nahtzugabe ringsum
1 x Boden in Weiß, 17 x 17 cm, zuzüglich 1 cm
Nahtzugabe ringsum
1 x Boden aus Baumwollstoff in Braun-Weiß,
17 x 17 cm, zuzüglich 1 cm Nahtzugabe ringsum
4 x Filzband, ca. 27 cm lang

SO WIRD ES GEMACHT

1. Für jedes Seitenteil auf den gemusterten Zuschnitt ein Filzband 4 cm ab Oberkante und
beidseitig 1,5 cm ab Außenkante aufsteppen,
das Band steht beidseitig jeweils 5 cm über. Die
Bandüberstände zur Mitte legen. Jeweils einen
gemusterten und einen weißen Zuschnitt rechts
auf rechts aufeinandernähen, an der Unterkante
eine ca. 10 cm lange Wendeöffnung lassen.
2. Die Nahtzugaben außer an der Wendeöffnung
zurückschneiden und die Ecken abschrägen. Die
Seitenteile wenden, ganz leicht ausstopfen bzw.
Volumenvlies in passender Größe einschieben,
die Nahtzugabe an der Wendeöffnung nach innen
einschlagen.
3. Ebenso für den Boden verfahren, jedoch ohne
die Filzbänder.
4. Alle Seitenteile Weiß auf Weiß ringsum knappkantig an den Boden nähen. Dabei werden die
Wendeöffnungen automatisch geschlossen.
5. Dann die Seitenwände nacheinander Weiß auf
Weiß knappkantig bis 3 cm unterhalb der Oberkante zusammensteppen. Zuvor am besten heften, damit beim Nähen nichts verrutscht. Heftfäden entfernen. Die Filzbänder verknoten.

Behältnis

Größe
17 x 17 x 19,5 cm

Schwierigkeitsgrad
★ ★

Dauer
2 Stunden

Advent & Co.

Rot, Grün, Weiß: Keine Frage, hier dreht sich alles um die traditionellen Weihnachtsfarben. Gleichzeitig werden unterschiedlichste Materialien und Designs kombiniert – von ornamental bedrucktem Baumwollstoff über bestickten Taft bis hin zu Filz in diversen Stärken. Und eben dieses ausgefallene Zusammenspiel der Stoffe sorgt für frischen Wind auf Ihrer Weihnachtstafel. Die kleinen Bonbonnieren können als Give-aways für die Gäste mit Süßigkeiten aller Art gefüllt werden.

Musterringe

Serviettenringe

Größe
5,5 cm breit, Ø 4,5 cm

Schwierigkeitsgrad
★

Dauer
20 Minuten

MATERIAL

• Baumwollstoff, Ornamentmuster in Rot-Grün
• Taft, Stickmuster in Rot
• Füllwatte

ZUSCHNITT (pro Serviettenring)

1 x Rechteck aus Baumwollstoff, 16,5 x 5,5 cm, zuzüglich 1 cm Nahtzugabe ringsum
1 x Rechteck aus Taft, 16,5 x 5,5 cm, zuzüglich 1 cm Nahtzugabe ringsum

SO WIRD ES GEMACHT

1. Die Zuschnitte rechts auf rechts aufeinandernähen, dabei eine kurze Seite zum Wenden offen lassen.
2. Die Nahtzugaben außer an der Wendeöffnung zurückschneiden und den Stoffstreifen wenden.
3. Den Serviettenring etwas polstern. Die Nahtzugabe an der Wendeöffnung nach innen einschlagen und den Stoffstreifen anschließend von Hand mit einem Blindstich schließen (siehe Grundtechniken Seite 56).

Ornamental

MATERIAL

• handelsübliche Baumwollserviette, 50 x 50 cm
• Baumwollstoff, Ornamentmuster in Rot-Grün

ZUSCHNITT (pro Serviette)

1 x Zierstreifen aus Baumwollstoff, 5 x 51,5 cm, zuzüglich 0,5 cm Nahtzugabe ringsum

SO WIRD ES GEMACHT

Alle Nahtzugaben des Zierstreifens umbügeln. Den Zierstreifen ca. 1 cm oberhalb der Servietten-unterkante platzieren und die leicht überstehen-den kurzen Enden auf die Rückseite der Serviette umschlagen. Den Zierstreifen feststeppen.

TIPP

Natürlich können Sie die Serviette auch selbst nähen. Wie's geht, erfahren Sie bei den Grundtechniken auf Seite 57.

Servietten

Größe
50 x 50 cm

Schwierigkeitsgrad
★

Dauer
20 Minuten

Überraschung!

Bonbonnieren

Größe
6 x 6 x 6 cm

Vorlage
Nr. 4a bis 4c, S. 61

Schwierigkeitsgrad
★★

Dauer
2 Stunden

MATERIAL

- Baumwollstoff, Ornamentmuster in Rot-Grün
- Taft, Stickmuster in Rot
- Füllwatte

ZUSCHNITT (pro Bonboniere Modell A bzw. Modell B)

4 x Seitenteil A laut Vorlage 4a aus Baumwollstoff, zuzüglich 1 cm Nahtzugabe ringsum
4 x Seitenteil A laut Vorlage 4a aus Taft, zuzüglich 1 cm Nahtzugabe ringsum
4 x Seitenteil B laut Vorlage 4b aus Baumwollstoff, zuzüglich 1 cm Nahtzugabe ringsum
4 x Seitenteil B laut Vorlage 4b aus Taft, zuzüglich 1 cm Nahtzugabe ringsum
1 x Boden aus Baumwollstoff laut Vorlage 4c, zuzüglich 1 cm Nahtzugabe ringsum
1 x Boden aus Taft laut Vorlage 4c, zuzüglich 1 cm Nahtzugabe ringsum

SO WIRD ES GEMACHT

1. Die Anleitung gilt gleichermaßen für Modell A und Modell B. Für die Seitenteile je einen gemusterten und einen roten Zuschnitt rechts auf rechts aufeinandernähen, an der Unterkante eine Wendeöffnung lassen.
2. Die Nahtzugaben außer an der Wendeöffnung zurückschneiden und die Ecken abschrägen. Die Seitenteile wenden, ganz leicht ausstopfen, die Nahtzugabe an der Wendeöffnung nach innen einschlagen.
3. Ebenso für den Boden verfahren.
4. Alle Seitenteile Rot auf Rot ringsum knappkantig an den Boden nähen. Dabei die Wendeöffnungen automatisch mitschließen.
5. Dann die Seitenteile aufrichten und von Hand mit Blindstich zusammennähen (siehe Grundtechniken Seite 56).

Sternenreigen

MATERIAL

- Baumwollstoff, Ornamentmuster in Rot-Grün
- Bastelfilz in Hellgrün, Rot
- Füllwatte

ZUSCHNITT (pro Stern)

1 x Stern laut Vorlage 5 aus Baumwollstoff
1 x Stern laut Vorlage 5 aus Bastelfilz, zuzüglich 0,5 cm Nahtzugabe ringsum

SO WIRD ES GEMACHT

1. Die Zuschnitte links auf links aufeinanderheften und mit einem sehr engen Zickzackstich festnähen. Dabei ein bis zwei Zacken offen lassen. Heftfäden entfernen.
2. Den Stern bis in die Spitzen leicht polstern. Die verbliebene Öffnung mit Heftstich schließen und mit engem Zickzackstich nachnähen. Alle Heftfäden entfernen.
3. Den überstehenden Filzrand vorsichtig knappkantig abschneiden.

Deko-Sterne

Größe
Ø ca. 10 cm

Vorlage
Nr. 5, S. 59

Schwierigkeitsgrad
★★

Dauer
45 Minuten

Eingetütet

Bestecktaschen

Größe
ca. 7,5 x 16,5 cm

Vorlage
Nr. 6, S. 61

Schwierigkeitsgrad
★

Dauer
1,5 Stunden

MATERIAL

• Baumwollstoff, Ornamentmuster in Rot-Grün
• Bastelfilz in Hellgrün, Rot
• Taft, Stickmuster in Rot
• Perlgarn
• spitze Sticknadel

ZUSCHNITT (pro Bestecktasche)

1 x Bestecktasche laut Vorlage 6 aus Baumwollstoff, zuzüglich 0,5 cm Nahtzugabe ringsum
1 x Bestecktasche laut Vorlage 6 aus Taft, zuzüglich 0,5 cm Nahtzugabe ringsum
1 x Bestecktasche laut Vorlage 6 aus Bastelfilz

SO WIRD ES GEMACHT

1. Für das Vorderteil die Zuschnitte aus Baumwollstoff und Taft rechts auf rechts aufeinandernähen, dabei die Unterkante als Wendeöffnung offen lassen.
2. Die Nahtzugaben außer an der Wendeöffnung zurückschneiden und die Ecken abschrägen. Das Vorderteil wenden, die Nahtzugabe an der Wendeöffnung nach innen einschlagen.
3. Das Vorderteil mit der Seiten- und der Unterkante auf den Filzzuschnitt steppen (Ornamentseite außen), die Wendeöffnung wird dabei automatisch geschlossen. Die Oberkante der Bestecktasche bleibt offen.
4. Eventuell überstehenden Filzrand zurückschneiden. Zwei Troddeln aus Perlgarn fertigen und laut Foto an die unteren Ecken nähen.

Stimmungsvoll

MATERIAL

- Baumwollstoff, Ornamentmuster in Rot-Grün
- Plattenfilz, 3 mm stark in Weiß
- Bastelfilz in Hellgrün
- Perlgarn in Rot
- spitze Sticknadel
- Lochzange
- Windlicht, 6 cm hoch, Ø 5,5 cm

ZUSCHNITT (pro Windlicht)

4 x Seitenteil aus Plattenfilz, 7,5 x 8 cm
4 x Zierrand aus Bastelfilz, 7,5 x 2 cm
4 x Zierstreifen aus Baumwollstoff, 7 x 1 cm

SO WIRD ES GEMACHT

1. In die Seitenteile mit einer scharfen Lochzange ein regelmäßiges Lochmuster stanzen. Der Abstand der Löcher zueinander beträgt etwa 1 cm.
2. Die Zierstreifen aus Baumwollstoff mit engem Zickzackstich mittig auf die Zierränder aus Bastelfilz nähen.
3. Die so vorbereiteten Zierränder knappkantig auf die Oberkante der Seitenteile steppen.
4. Die Seitenteile an den Längskanten nacheinander zusammenheften und knappkantig steppen, sodass ein oben und unten offener Quader entsteht. Heftfäden entfernen.
5. Die Ecken mit Perlgarn-Troddeln verzieren.

Windlichter

Größe
7,5 x 7,5 x 8 cm

Schwierigkeitsgrad
★★★

Dauer
2,5 Stunden

Grundmaterial

- Nähmaschine
- Nähnadeln
- Stecknadeln
- passendes Nähgarn
- Heftgarn
- Schneiderkreide
- Stoffschere
- Zackenschere
- Nahttrenner
- Papier
- Lineal, Maßband
- Bügeleisen
- Bleistift
- Schneideunterlage

Hinweis

Um Wiederholungen zu vermeiden, werden die hier aufgeführten Grundmaterialien bei den Modellanleitungen nicht noch einmal aufgeführt.

Nähen A–Z

Bügeln
Den Stoff immer vor Beginn der Näharbeiten und zwischen den einzelnen Arbeitsschritten bügeln. Dies wird bei den Anleitungen nicht noch einmal extra aufgeführt.

Einschlag
Für einen geraden Abschluss werden offene Kanten eingeschlagen, gebügelt und festgesteppt (siehe Seite 56, Abb. 2).

Fadenspannung
Je nach Stoffart muss die Fadenspannung der Nähmaschine reguliert werden, damit keine Garnschlaufen im Ober- oder Unterfaden entstehen. Deswegen immer erst eine Probe nähen.

Geradstich
Das ist der wichtigste Nutzstich einer jeden Nähmaschine, auch Steppstich genannt. Die Stichlänge lässt sich unterschiedlich einstellen. Als Faustregel gilt: Je länger der Stich, desto lockerer wird die Naht.

Heften und Stecken
Stoffteile vor dem Nähen mit Stecknadeln fixieren oder rasch von Hand heften (siehe Seite 56, Abb. 3a). So können die Stoffteile beim Nähen nicht verrutschen oder Falten werfen. Darauf achten, dass die Heftnaht neben der späteren Maschinennaht verläuft. Auf diese Weise lässt sich der Heftfaden später schnell wieder entfernen.

Achtung! In den Modellanleitungen wird das Heften nur dann aufgeführt, wenn es unbedingt notwendig ist. In den anderen Fällen bleibt es Ihnen überlassen, ob sie lieber stecken oder heften möchten, ohne dass dieser Arbeitsschritt noch einmal explizit erwähnt wird.

Nahtzugabe
Wird ein Stoff zu nah an der Kante genäht, reißen Naht und Stoff leicht ein. Deswegen wird beim Zuschnitt oft eine Nahtzugabe hinzugerechnet. Die Breite der Nahtzugabe ist unter der Rubrik

Steppstich siehe Geradstich.

Um die Ecke nähen
Die Nähmaschinennadel am Nahtende gesenkt lassen, den Nähmaschinenfuß heben, den Stoff in die gewünschte Richtung drehen, Nähfuß wieder senken und weiternähen.

Verriegeln
Wie beim Nähen von Hand muss auch eine Näh-maschinennaht am Anfang und Ende vernäht werden, damit sie sich nicht auflöst. Hierfür am Nahtbeginn bzw. Nahtende drei bis vier Stiche vorwärts, dann rückwärts und anschließend wie-der vorwärts weiternähen.

Versäubern
Offene Stoffkanten müssen versäubert werden, damit sie nicht ausfransen. Hierzu dient ein enger Zickzackstich oder der Einschlag. Wenn es beson-ders schnell gehen soll, kann auch eine Zacken-schere zum Einsatz kommen.

Verstürzen
Verstürzte Nähte sind von außen unsichtbar, da sie im Inneren des Nähguts liegen. Deswegen liegen die rechten Stoffseiten beim Nähen erst einmal aufeinander und werden erst nach dem Nähen nach außen gewendet (siehe Seite 56, Abb. 1a bis 1c).

Waschen
Stoffe immer erst waschen, um die Appretur noch vor dem Nähen zu entfernen. Außerdem wird so verhindert, dass die Stoffe später abfärben oder unterschiedlich stark einlaufen.

Zickzackstich
Ein weiterer sehr wichtiger Nutzstich bei haushaltsüblichen Nähmaschinen. Stichbreite (= horizontale Ausdehnung des Einzelstichs) und Stichlänge (= Abstand zwischen den Stichen) sind variabel einstellbar. Mit dem Zickzackstich lassen sich sichtbare und unsichtbare Stoffkanten ver-säubern sowie Stoffe auf Stoß zusammennähen.

Zuschnitt
Für den Zuschnitt erst einmal ein Schnittmuster den angegebenen Maßen oder Vorlagen ent-sprechend anfertigen. Das Schnittmuster auf den Stoff stecken und mit Schneiderkreide umfahren. Anschließend kann die Form ausgeschnitten wer-den. Hierfür eine scharfe Stoffschere verwenden. Außerdem gibt es Rollschneider, die sich für das Schneiden von mehreren Stofflagen und dickeren Materialien wie beispielsweise Walkfilzen eig-nen. Für regelmäßige Kreise bieten sich spezielle Kreisschneider an.

„Zuschnitt" bei den einzelnen Modellanleitungen jeweils verzeichnet.

Rechte und linke Stoffseite
Jeder Stoff hat eine rechte und eine linke Stoff-seite. Die rechte Seite entspricht der Schauseite. Bei bedruckten Stoffen ist diese relativ leicht zu erkennen, da hier das Muster deutlicher zu sehen ist. Wenn es also heißt „die Stoffe rechts auf rechts legen", zeigen die rechten Schausei-ten nach innen und die linken Seiten nach außen. Heißt es „links auf links", zeigen hingegen die rechten Seiten nach außen.

Schemazeichnungen, Schnittmuster und Vorlagen
Die meisten der hier vorgestellten Modelle basie-ren auf ganz einfachen Rechtecken, deren Maße in den Anleitungen aufgeführt sind. Am besten immer erst ein entsprechend großes Schnittmus-ter aus Papier anfertigen. Für einige Modelle fin-den Sie ab Seite 58 Schema- oder spezielle Vorla-genzeichnungen in Originalgröße.

Grundtechniken

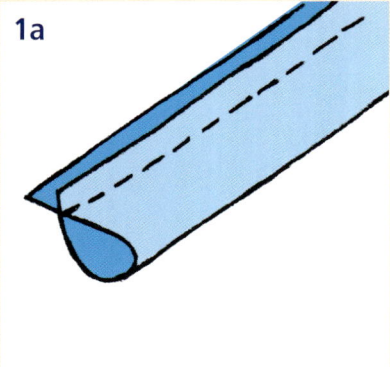

1a

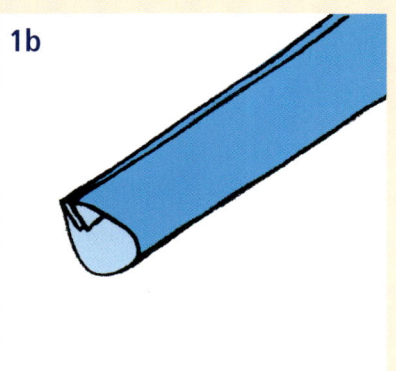

1b

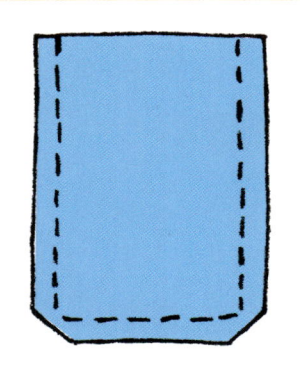

1c

1. Verstürzte Naht
1a. Beim Verstürzen werden zwei Stofflagen rechts auf rechts aufeinandergenäht, die linken Seiten zeigen also zunächst nach außen. Allerdings muss zum Wenden der Stoffteile ein Stück der Naht erst einmal offen bleiben, wie beispielsweise bei dem hier abgebildeten Schlauch.

1b. Die Nahtzugaben zurückschneiden, ggf. auseinanderbügeln und versäubern. Bei den in diesem Buch vorgestellten Modellen reicht es aber, die Nahtzugaben einfach mit einer Zackenschere zurückzuschneiden. Dann das Nähstück durch die Öffnung wenden, wobei das Innere nach außen gestülpt wird. Die rechte Seite liegt jetzt außen, die Naht innen.

1c. Wird kein Schlauch, sondern ein Rechteck verstürzt genäht, ist es wichtig, die Ecken vor dem Wenden schräg abzuschneiden, wie auf der Abbildung zu sehen. So legen sie sich nachher besser um.

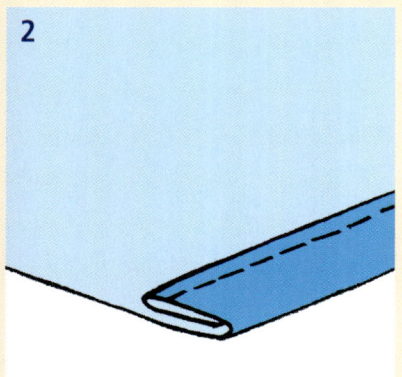

2

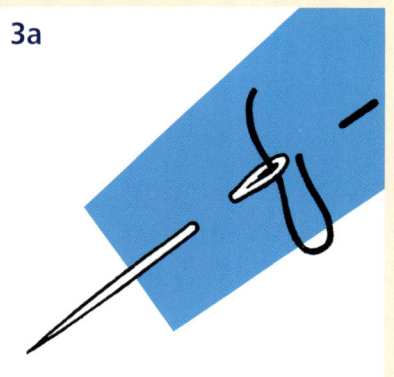

3a

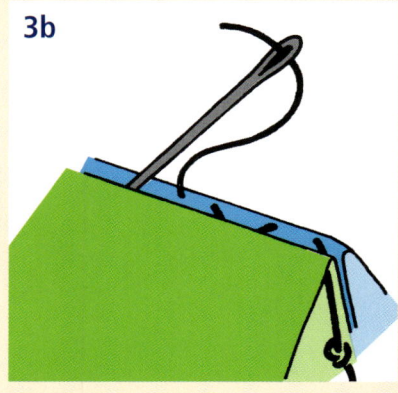

3b

2. Doppelter Einschlag
Für einen sauberen Abschluss den Stoff erst einmal in der gewünschten Breite nach hinten umschlagen und bügeln. Dann die Kante ein weiteres Mal umschlagen, bügeln und feststeppen. Die offene Stoffkante liegt jetzt im Inneren verborgen.

3. Wichtige Handstiche
3a. Beim Nähen den Stoff immer wieder mit der Hand glätten, damit er sich nicht verzieht. Mit dem Heft- oder Vorstich werden Stoffteile provisorisch zusammengenäht, um sie fürs Maschinennähen zu fixieren.

3b. Mit dem Blindstich (unsichtbarer Saumstich) können eingeschlagene Kanten (fast) unsichtbar von Hand geschlossen werden. Hierfür die Nadel in den Oberstoff stechen, etwa 6 mm im Inneren entlangführen, dann wieder nach oben führen, ein bis zwei Fäden des Oberstoffs greifen und die Nadel wieder nach unten führen usw.

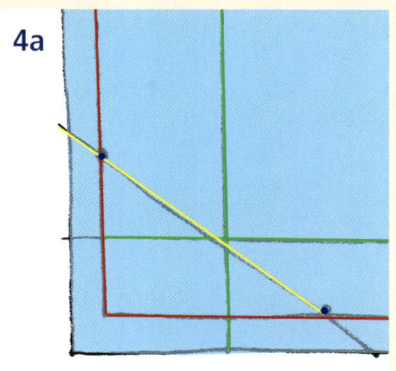

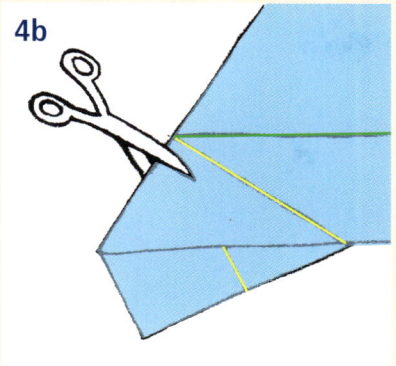

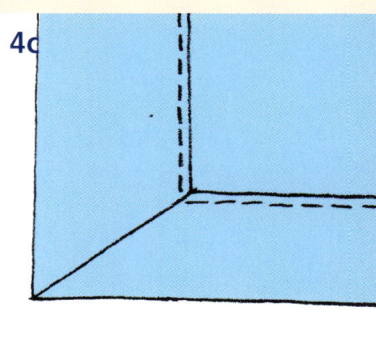

4. Serviette mit Briefecken

Das Nähen von Briefecken zählt zu den wichtigen Grundtechniken, um Servietten, Sets, Tischläufer oder -decken an den Ecken sauber zu versäumen.

4a. Ein Quadrat von 33 x 33 cm zuzüglich einer Nahtzugabe von 0,5 cm ringsum zuschneiden (= 34 x 34 cm insgesamt). Erst die Nahtzugabe (rote Linie) ringsum umbügeln und dann wieder aufklappen. Einen Saumumschlag von 1,5 cm ab Nahtzugabe abmessen und die Saumkante (grüne Linie) auf der linken Stoffseite markieren. Den Saumumschlag umbügeln und dann wieder auseinanderfalten. Nahtzugabe und Saum der

vertikalen Stoffkante einschlagen und den Kreuzungspunkt mit der Nahtzugabe der horizontalen Stoffkante markieren (blauer Punkt). Wieder auffalten. Dann Nahtzugabe und Saum der horizontalen Stoffkante einschlagen und den Kreuzungspunkt mit der Nahtzugabe der vertikalen Stoffkante markieren (blauer Punkt). Wieder auffalten. Die beiden blauen Markierungen diagonal miteinander verbinden (gelbe Linie).

4b. Die Stoffecke so falten, dass die gelbe Linie aufeinander- und die rechte Stoffseite innen liegt. Diese Diagonale erst heften, dann feststeppen. Stoffecke zurückschneiden, Heftfaden entfernen. Die Ecke wenden.

4c. Auf diese Weise auch die restlichen drei Stoffecken nähen. Anschließend Nahtzugabe und Saum zwischen den vorbereiteten Ecken einschlagen, heften und von links ringsum feststeppen. Heftfaden entfernen. Die Serviette hat nun die Maße 30 x 30 cm.

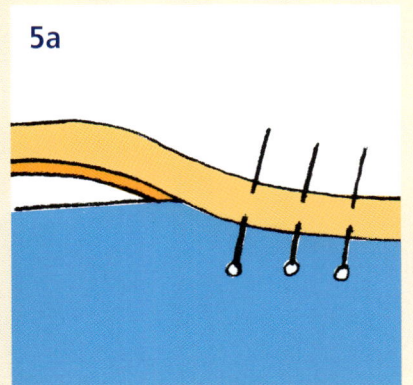

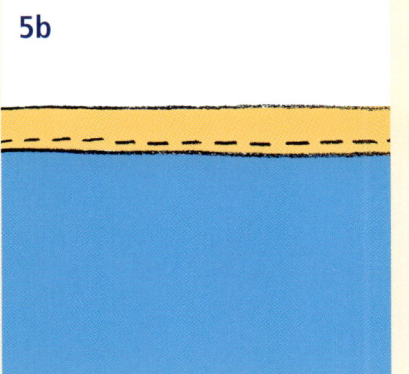

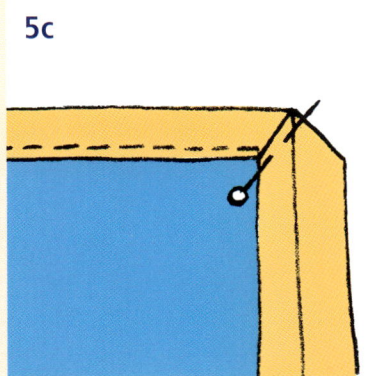

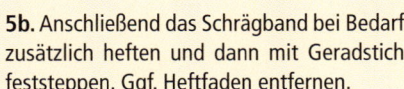

5. Kanten einfassen

5a. Mit Schrägband lassen sich Stoffkanten verzieren und einfassen. Die Stoffkante als Erstes in den Falz des Schrägbandes schieben und mit Stecknadeln fixieren. Dabei überprüfen, dass das Schrägband auf Vorder- und Rückseite gleich breit läuft.

5b. Anschließend das Schrägband bei Bedarf zusätzlich heften und dann mit Geradstich feststeppen. Ggf. Heftfaden entfernen.

5c. Um Ecken einzufassen, die gerade Kante erst wie beschrieben einfassen und bis zur Ecke steppen. Das Schrägband aufklappen, diagonal falten und feststecken. Anschließend die folgende gerade Kante ebenfalls mit Stecknadeln fixieren, heften und dann feststeppen. Bei den nächsten Ecken genauso verfahren. Alle Heftfäden entfernen.

Vorlagen und Schemazeichnungen

Bitte achten Sie auf die Größenangaben.

Vorlage 1a

B

7 cm

14,5 cm

A

7,5 cm

7 cm

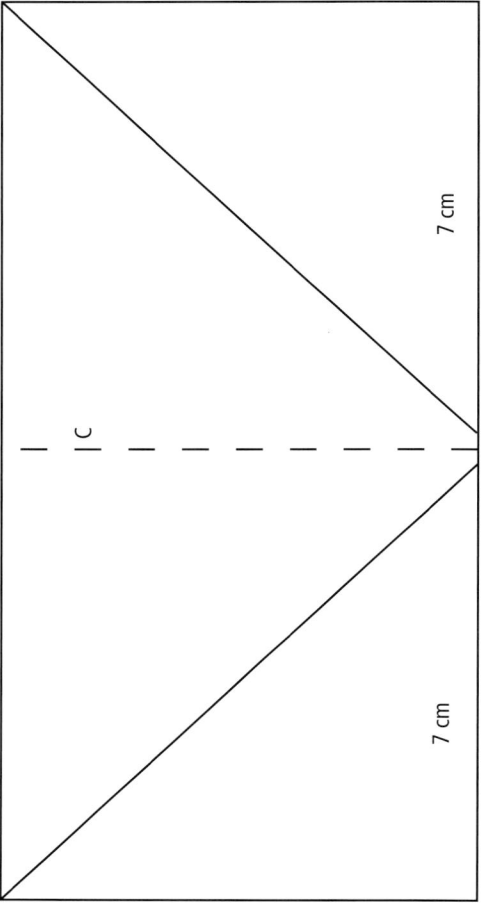

Vorlage 1b

7 cm

C

7 cm

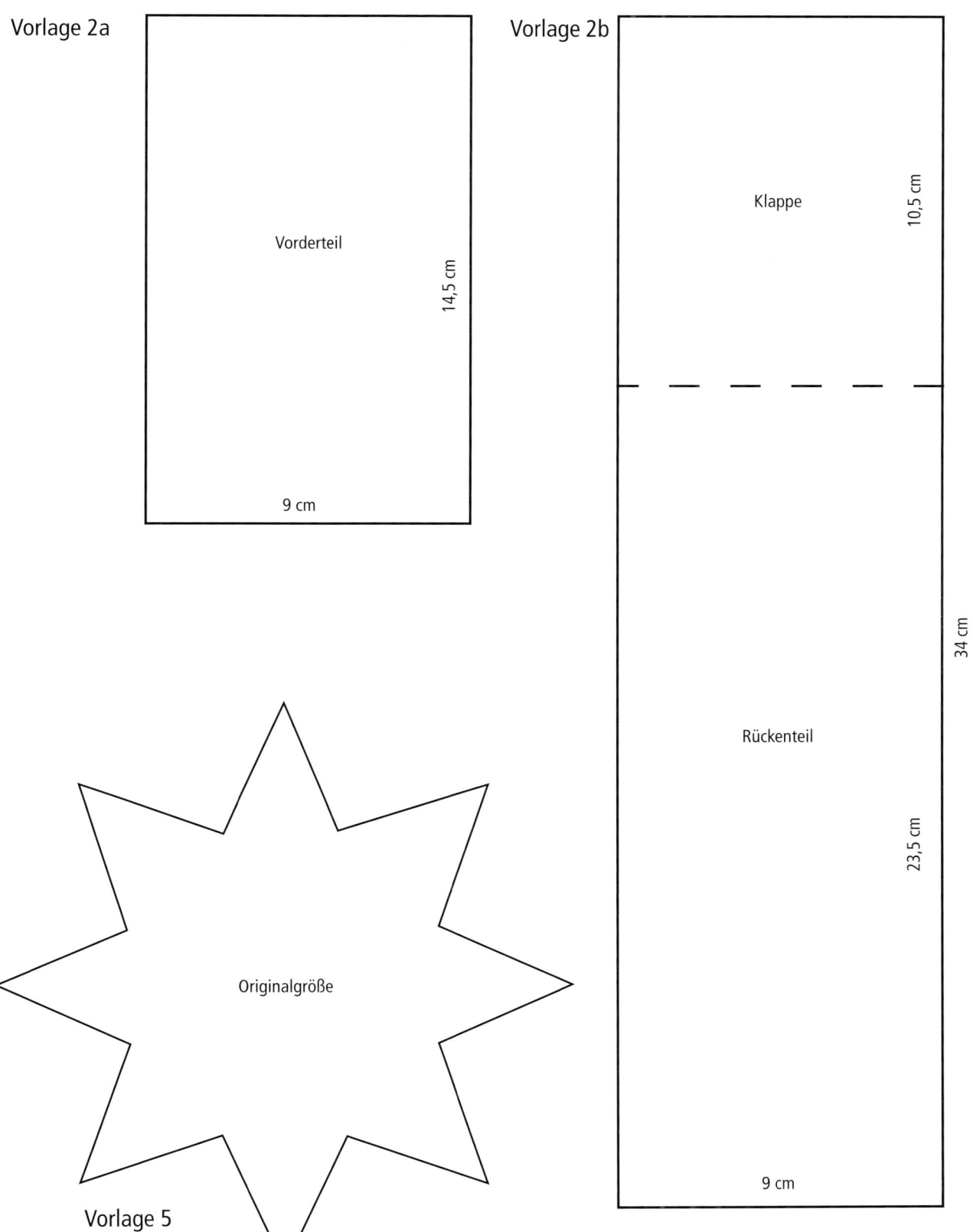

Vorlage 2a

Vorderteil

14,5 cm

9 cm

Vorlage 2b

Klappe

10,5 cm

34 cm

Rückenteil

23,5 cm

9 cm

Originalgröße

Vorlage 5

Vorlage 3a

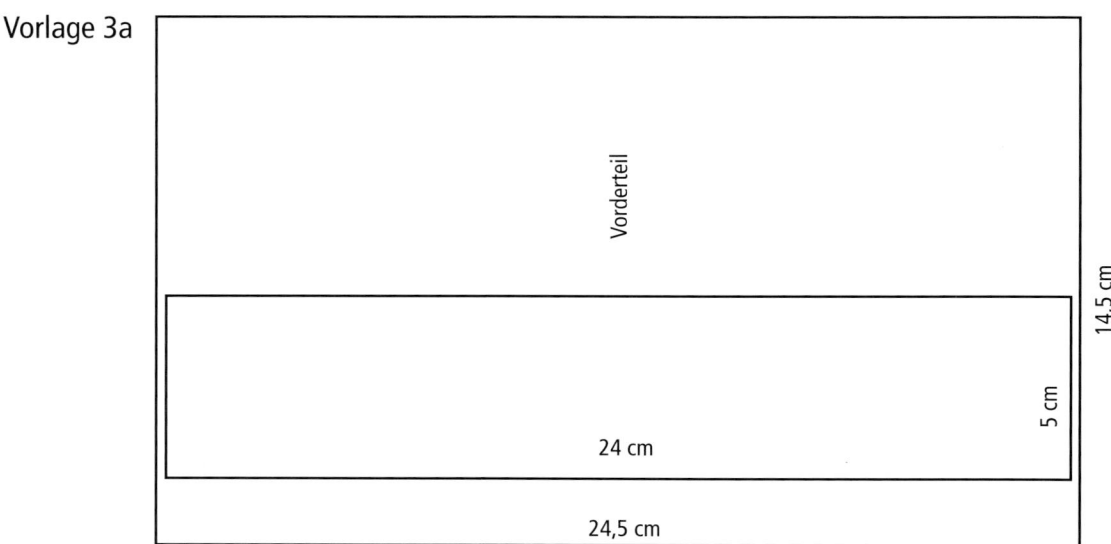

Vorderteil

24 cm

5 cm

14,5 cm

24,5 cm

Vorlage 3b

Klappe

9 cm

Rückenteil

23,5 cm

14,5 cm

24,5 cm

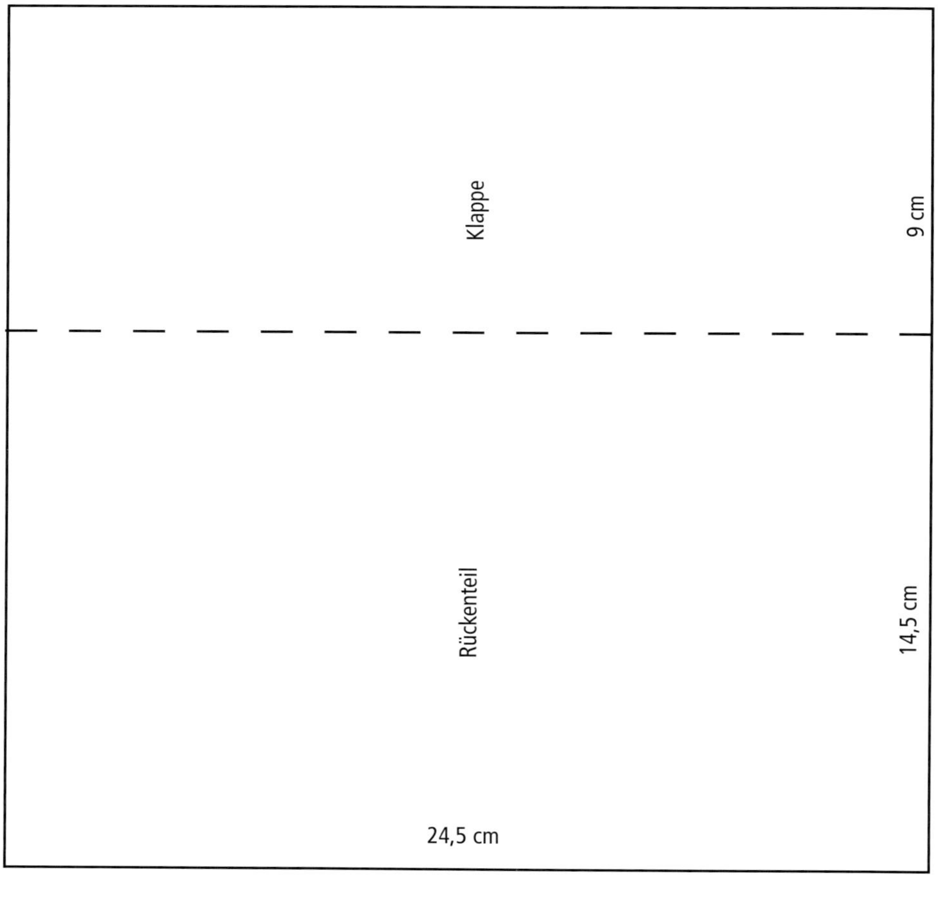

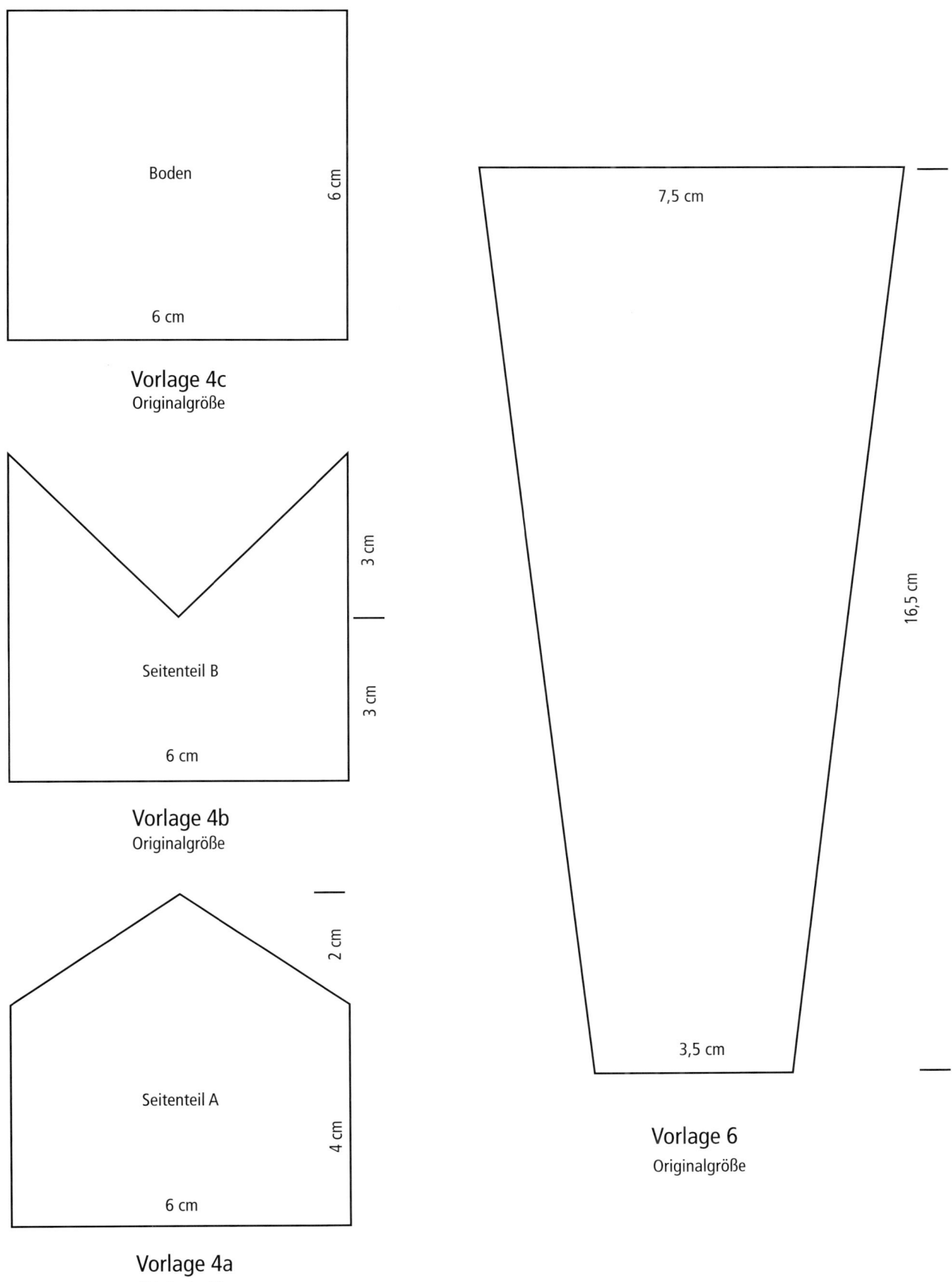

Boden

6 cm

6 cm

Vorlage 4c
Originalgröße

Seitenteil B

3 cm

3 cm

6 cm

Vorlage 4b
Originalgröße

Seitenteil A

2 cm

4 cm

6 cm

Vorlage 4a
Originalgröße

7,5 cm

16,5 cm

3,5 cm

Vorlage 6
Originalgröße

Sie haben Fragen zu Materialien, Anleitungen oder einer Kreativtechnik? Ganz gleich, ob Basteln, Malen oder Handarbeiten: Wir helfen Ihnen weiter!

Schreiben Sie uns,
wir sind für Sie da!

service-hotline@c-verlag.de

Christophorus Verlag GmbH & Co. KG • Leser-Service • Römerstr. 90 • D-79618 Rheinfelden • Fax: 076 23 / 96 46 44 49

IMPRESSUM

Autorin: Elena Merten
Fachkorrektur: Birgit Rath-Israel
Redaktion: Angelika Klein
Fotos: Sabine Münch, Berlin
Styling: 360°/Claudia Huboi, Berlin
Titelfoto: Angela Endress, Usingen-Eschbach
Umschlaggestaltung: Aurélie Lambrecht
Layout, Zeichnungen: Susanne Nöllgen, GrafikBüro Berlin
Reproduktion: Meyle + Müller, Pforzheim
Druck und Verarbeitung: Himmer AG, Augsburg

ISBN 978-3-86673-080-9
Art.-Nr.: 2080

© 2009 Christophorus Verlag
GmbH & Co. KG, Freiburg
Alle Rechte vorbehalten.

Herstellernachweis, Bezugsquellen

Stoffe:
Free Spirit Stoffe
über Coats GmbH, Kenzingen
www.coatsgmbh.de

GreenGate, Klampenborg (DK)
www.greengate.dk

IKEA Deutschland GmbH & Co. KG,
Hofheim-Wallau
www.ikea.com/de

Karstadt Warenhaus GmbH, Essen
www.karstadt.de

Linum GmbH, Lübeck
www.linum-gmbh.de

Nähgarn:
Gütermann AG, Gutach-Breisgau
www.guetermann.com